Friederun Reichenstetter

Kuschelgeschichten für 3 Minuten

Friederun Reichenstetter

arbeitete nach ihrem Sprachenstudium lange Zeit für verschiedene
internationale Organisationen im Ausland.
Seit 1991 schreibt sie für Kinder und Jugendliche.

Sigrid Gregor

1945 in Krummau an der Moldau geboren, studierte Kunsterziehung
in Braunschweig. Zunächst arbeitete sie einige Jahre als
Kunsterzieherin in Berlin. Seit 1989 ist sie als freischaffende
Illustratorin tätig und hat bereits zahlreiche Kinder- und
Jugendbücher illustriert.

Friederun Reichenstetter

Kuschelgeschichten für 3 Minuten

Mit farbigen Bildern von
Sigrid Gregor

EDITION
BÜCHERBÄR

In neuer Rechtschreibung

2. Auflage 2002
© Edition Bücherbär im Arena Verlag GmbH, Würzburg
Alle Rechte vorbehalten
Einband: Anne Ebert
Innenillustrationen: Sigrid Gregor
Gesamtherstellung: westermann druck GmbH, Braunschweig
ISBN 3-401-08263-9

Inhalt

Marie und Ame

Als Marie auf die Welt kommt, schaukelt über ihrer Wiege ein kuscheliges gelbes Kamel hin und her. Her und hin. Papa hat es da hingebunden.

Als Marie ein bisschen größer ist, schläft das Kamel neben ihr auf dem Kissen. Und als sie schon ein paar Worte reden kann, nennt sie es Ame, denn Kamel kann sie noch nicht sagen. Und Ame bleibt sein Name.

Ame ist Maries allerliebstes Kuscheltier. Wenn Papa oder Mama sie im Kinderwagen durch die Gegend schieben, ist Ame immer dabei. Auch wenn sie gemeinsam im Auto wegfahren, vergessen sie Ame nie. Mama und Papa passen auch wirklich gut auf, dass Ame nirgends liegen bleibt. Mama hat einmal ihre Handtasche liegen lassen und Papa seinen Rucksack und einen Regenschirm. Aber Ame haben sie noch nie vergessen.

Doch einmal passiert etwas ganz und gar Schreckliches:

Mama, Papa, Marie und Ame fahren mit dem Auto weit, weit weg, bis dahin, wo es ganz einsam ist. Aber das macht Marie nichts aus. Sie haben ja ein Zelt dabei und genug zum Essen. Marie findet es sogar herrlich, zusammen mit Papa das Zelt aufzubauen. Dann geht sie mit Mama zum Bach und holt Wasser. Mama nimmt Marie fest an der Hand, weil der Bach so gurgelt. Zu dritt kochen sie dann eine wunderbare Suppe und Nudeln mit Tomatensoße.

Bevor Marie ins Zelt zum Schlafen krabbelt, sieht sie sich plötzlich um. »Wo ist Ame?«, fragt sie.

»Ame?« Mamas Augen wandern von rechts nach links und von links nach rechts. Kein Ame ist zu sehen.

»Aber er war doch eben beim Essen noch da, oder?«, fragt Papa.

»Ich weiß nicht mehr.« Marie beginnt zu weinen.

»Vielleicht haben wir Ame am Bach vergessen«, sagt Mama. »Komm, schauen wir nach!«

Aber am Bach ist Ame nicht. »Er ist ins Wasser gefallen und ertrunken«, schluchzt Marie.

Inzwischen hat Papa im Zelt und um das Zelt herum alles abgesucht. Er hat eine Maus gesehen, eine kleine Blindschleiche, aber keinen Ame.

Und Ame taucht auch nicht mehr auf, sosehr Marie schluchzt. Sie schluchzt die ganze Nacht. Auch Papa und Mama haben am andern Morgen rote Augen.

»Es hat keinen Zweck, länger hier zu bleiben«, sagt Papa.

»Aber wenn Ame vielleicht zurückkommt und uns nicht mehr findet?« Wie ein Häufchen Elend sitzt Marie auf einem Stein vor dem Zelt.

Mama und Papa sehen sich an. Sie wissen, dass Ame nicht zurückkommt. Aber sie seufzen nur. Dann bauen sie das Zelt ab. Zum Schluss heben sie den Zeltboden hoch, um ihn abzuwischen.

»Ame!«, brüllt Marie so laut, dass Papa und Mama der Zeltboden aus den Händen fällt. Genau auf Ame, der darunter liegt. Ganz platt und zerdrückt ist er. Aber das macht nichts. Ganz im Gegenteil. Platt ist er fast noch kuscheliger, findet Marie und gibt Ame einen Kuss.

Mama und Papa stellen das Zelt wieder auf. Dann machen sie ein wunderbares Frühstück. Zusammen mit Ame.

Zwei Drachen

Zwei Drachen lagen in der Garage. Es waren keine gefährlichen Drachen. Sie verschlangen niemanden. Nicht einmal Feuer spien sie. Zum Glück taten sie das nicht. Denn es waren Drachen aus Papier, die man im Herbst steigen lassen konnte. Der eine Drachen hatte ein rotes Gesicht. Darauf waren ein grüner Mund und blaue Augen geklebt. Bunte Papierstückchen zierten seinen langen Schwanz. Die waren so bunt wie Blumen auf einer Sommerwiese. Der andere Drachen war golden wie die Sonne. Seine Nase war schwarz und seine Augen grün. Er hatte einen langen weißen Schwanz.

Da lagen die beiden Drachen nun in einer Ecke und langweilten sich entsetzlich. Niemand beachtete sie mehr. Nicht einmal Jenny und Paul, obwohl die sie im Herbst doch selbst gebastelt hatten. Damals waren sie mit ihnen zur großen Wiese im Stadtpark gesaust und hatten sie steigen lassen.

»Seinerzeit«, sagte der rote Drachen in der Garage zum goldenen Drachen, »sind wir in den Himmel hinaufgeflogen. Weißt du noch, wie aufregend das war?«

»Natürlich weiß ich es«, seufzte der goldene Drachen. »Ob wir jemals wieder so einen Spaß haben werden?«

»Vielleicht im nächsten Herbst«, sagte der rote Drachen. Aber auf den nächsten Herbst mussten die beiden Drachen noch lang warten. Denn zuerst einmal kam der Winter. Es wurde kalt und es schneite. Als Jenny und Paul ihre Schlitten aus der Garage holten, warfen sie den Drachen keinen einzigen Blick zu.

Und dann wurde es Frühling. Nun brauchten Jenny und Paul ihre Schlitten nicht mehr, stattdessen schoben sie ihre Fahrräder aus der Garage. Um den roten und den goldenen Drachen kümmerten sie sich nicht. Ebenso wenig wie im Sommer, als sie ihre Luftmatratzen suchten. Darauf wollten sie auf dem Baggersee paddeln. Eines Tages aber war der Sommer vorbei. Der Wind pfiff um die Garage. Und als sie einmal offen stand, sahen die Drachen, wie der Wind braune und gelbe Blätter vor sich hertrieb. Dann fuhr er durch die Tür, so wild, dass die Drachenschwänze auf dem Fußboden zu tanzen anfingen.

Als der Wind wieder einmal um alle Ecken pfiff, kamen
Jenny und Paul angerannt.

Schon von weitem hörten die Drachen Paul rufen: »Jetzt
geht es auf zum Drachensteigen!«

Die Tür wurde aufgerissen. Paul stürmte herein, gefolgt
von Jenny.

»Der rote Drachen ist meiner!«, rief Paul.

»Und meiner ist der goldene«, rief Jenny.

Auf der großen Wiese am Stadtpark blies der Herbst-
wind besonders schön. An den langen Schnüren stiegen

die Drachen in den Himmel hinauf. Höher und immer höher.

Plötzlich aber kam ein ganz ordentlicher Windstoß. Ehe sich Jenny und Paul versahen, hatte er ihnen die Schnüre aus den Händen gerissen.

»Oh nein!« Jenny rannte hinter ihrem goldenen Drachen her.

»Oh nein!«, schrie auch Paul. Er sprang so hoch er konnte. Trotzdem bekam er die Schnur nicht mehr zu fassen.

Darüber lachte der Wind. Man hörte es. Wütend starrten Paul und Jenny ihren Drachen hinterdrein, die höher und höher stiegen. Bis in die Wolken hinauf.

Die Wolken oben am Himmel waren weiß und sehr weich.

»Der Himmel ist viel schöner als die alte und staubige Garage«, sagte der rote Drachen zum goldenen.

»Und viel gemütlicher als der harte, staubige Boden, auf dem wir ein ganzes Jahr stehen mussten«, seufzte der goldene Drachen genüsslich.

Und dann sagten sie gar nichts mehr, weil sie sich treiben ließen und sich im Wind hin und her wiegten. Und sie nickten sogar ein bisschen ein, weil die Wolken gar so watteweich und gemütlich waren.

Vroni bei dem Kälbchen

Hannes schiebt gerade das Fahrrad aus dem Hof, als ihn Vroni vom Wohnzimmerfenster aus entdeckt. »Wo fährst du hin?«, ruft sie ihrem großen Bruder nach. »Du hast mir doch versprochen, dass wir zusammen spielen.«

»Später«, antwortet Hannes. »Abends.«

»Aber es ist doch schon fast Abend«, entgegnet Vroni.

»Fast, aber noch nicht ganz«, antwortet Hannes und schwingt sich auf sein Rad. »Es ist ja noch nicht einmal sechs Uhr.«

Vroni geht zu Nora. Nora ist ihre Schwester. Die ist noch ein Jahr älter als Hannes. Wie meistens sitzt sie in ihrem Zimmer und steckt ihre Nase in ein Buch. Sie sieht nicht einmal auf, als Vroni fragt: »Spielst du ein bisschen mit mir?«

Nora schüttelt den Kopf. »Ich muss unbedingt die Geschichte fertig lesen«, antwortet sie. »Und nachher muss ich die Hühner füttern. Das habe ich Mama versprochen. Dabei kannst du mir dann helfen.«

»Aber mir ist es jetzt so langweilig«, jammert Vroni.

»Geh zu Hannes«, schlägt Nora vor.

Da fängt Vroni zu weinen an. »Der ist mit dem Fahrrad fortgefahren, obwohl er mit mir spielen wollte. Und obwohl er es mir versprochen hat. Und Papa wollte mich eigentlich auch auf dem Traktor mitnehmen. Und dann hat er es vergessen. Und Mama ist bei ihrer Freundin. Niemand ist da!«

»Hör auf zu heulen!«, befiehlt Nora. »Ich bin da und Mama kommt bald wieder. Papa ebenfalls. Aber jetzt zisch ab! Ich will weiterlesen!«

Vroni geht in den Hof hinaus und von dort aus in den Stall. Im Stall ist ein Kälbchen, das seit ein paar Tagen nicht auf die Weide darf, weil es ein wehen Fuß hat. Das Kalb liegt auf dem Stroh und sieht nicht fröhlicher aus als Vroni.

»Armes Kälbchen«, sagt Vroni. »Ich bring dir Gras und leckere Kräuter.«

Mit einem Korb frischem Futter kommt sie zurück. Als das Kälbchen das Gras sieht, wird es gleich viel munterer. Vroni setzt sich zu ihm aufs Stroh. Sie reibt ihren Kopf ein bisschen an seinem Fell. Das Fell riecht nach Heu und Stroh. Und im Stall ist es so wunderbar warm.

Plötzlich ist Vroni eingeschlafen. Ihr Kopf liegt auf dem runden Bauch des Kälbchens. Sie wacht erst wieder auf, als sie Papas Stimme, Mamas Stimme, Hannes' Stimme und Noras Stimme hört. Alle Stimmen rufen zusammen: »Vroni!«

Verschlafen kriecht Vroni aus dem Stroh.

»Gott sei Dank, da ist sie ja!«, ruft Papa, der Vroni als Erster sieht.

»Was ist denn eigentlich?«, fragt Vroni.

»Wir haben dich gesucht«, antwortet Mama. »Wir dachten schon, dass du uns verloren gegangen bist.«

»Wärt ihr dann traurig gewesen?«, fragt Vroni.

»Ja, ganz schrecklich traurig!«, Nora schnieft ein bisschen.

Auch Hannes sagt, wie froh er darüber ist, dass Vroni wieder da ist.

Alle sind richtig lieb zu Vroni. Hannes spielt mit ihr noch ein *Eile mit Weile*. Nora verspricht ihr sie am nächsten Tag vom Kindergarten abzuholen. Und Mama liest Vroni noch eine schöne lange Gutenachtgeschichte vor.

Oma Bauers Eisenbahn

Tom und seine Mama sind umgezogen. Jetzt wohnen sie in einem großen Haus, das zehn Stockwerke hat. Zum Glück gibt es einen Aufzug.

Tom kennt noch niemanden im Haus. Und weil Toms Mama immer noch bei der Arbeit ist, wenn er von der Schule kommt, langweilt er sich manchmal. Darum fährt er an einem Tag einfach ein bisschen mit dem Aufzug spazieren.

Zuerst steigt ein Mann ein. Der sagt nicht einmal Guten Tag. Dann kommt eine junge Frau mit einem Kinderwagen, in dem ein Baby ganz furchtbar brüllt.

Und dann kommt eine alte Frau. Sie lächelt freundlich, als sie einsteigt. »Guten Tag«, sagt sie. Und als sie im neunten Stock aussteigt, sagt sie »Auf Wiedersehen«.

Am nächsten Tag fährt Tom wieder im Aufzug spazieren. Diesmal steigt gleich im Erdgeschoss die nette alte Frau mit einer vollen Einkaufstasche ein.

»Haben wir uns gestern nicht auch schon gesehen?«,
fragt sie Tom.

»Doch.« Tom nickt.

»Wie heißt du denn?«, fragt sie.

»Tom heiße ich.«

»Ich heiße Irene Bauer. Und jetzt verrate mir noch, wo
du denn eigentlich hinwillst.«

»Nirgendwo«, antwortet Tom. »Ich fahre nur so mit dem
Aufzug spazieren.«

»Wohnst du hier?«, fragt Frau Bauer.

»Vor ein paar Tagen sind wir umgezogen, meine Mama

und ich«, antwortet Tom. »Ich dachte, ich könnte vielleicht ein paar Leute im Aufzug kennen lernen.«

»Das hat ja geklappt«, meint Frau Bauer. »Jetzt kennst du schon mal mich. Und wenn es deiner Mama recht ist, trinken wir morgen Nachmittag um drei Uhr zusammen einen Kakao in meiner Küche und essen Kuchen dazu. Ich glaube, ich habe sogar noch die Eisenbahn von meinem Sohn im Keller stehen. Wenn du mir hilfst, können wir die heraufholen.«

»Hast du jetzt keinen Sohn mehr?«, fragte Tom.

»Doch, aber der ist schon groß«, antwortet Frau Bauer. »Und er wohnt ganz woanders.«

Am Abend gehen Toms Mama und Tom noch rasch bei Frau Bauer vorbei. Toms Mama sagt, sie freut sich, dass ihr Sohn zu ihr kommen darf.

Am nächsten Tag läutet Tom um drei Uhr. Schon vor der Wohnungstür duftet es nach frisch gebackenem Kuchen und Kakao. Und drinnen bei Frau Bauer ist es richtig schön gemütlich. Auf dem Küchentisch steht eine große Kerze, ein runder Gugelhupf und in einem weißen Krug dampft der Kakao.

»Bin ich froh, dass wir umgezogen sind«, sagt Tom. Er leckt gerade die letzten Brösel vom Teller.

»Ich freue mich auch.« Frau Bauer lacht. »Und jetzt holen wir die Eisenbahn aus dem Keller.«

Kati fliegt

An diesem Abend findet Kati ihren Papa richtig doof. Beim Abendessen hat sie nur ganz freundlich gesagt: »Die Suppe schmeckt mir nicht. Ich hole mir aus dem Kühlschrank lieber den Himbeerjogurt.«

»Nein!« Papa schüttelt den Kopf. »Die Suppe ist gut. Lauter leckere Sachen sind darin: Gelbe Rüben, Kartoffeln, Petersilie, Zwiebeln. Sonst magst du sie doch auch recht gern.«

»Sonst. Aber nicht heute. Heute habe ich Lust auf Himbeerjogurt. Heute graust es mir vor der Suppe.«

»Wenn es dir graust, kannst du sie stehen lassen. Vielleicht hast du heute einfach schon zu viel gegessen«, meint der Papa. »Oder vielleicht kommt der Hunger auch erst später. Wir heben deine Suppe vorsichtshalber mal auf.«

»Ich will aber meinen Hi-Hi-Himbeer-her-jogurt«,

schluchzt Kati. Hilfe suchend sieht sie zu Mama hinüber. Auch zu Lorenz, ihrem Bruder.

Aber Mama hält zu Papa. Und Lorenz grinst nur frech. Da springt Kati auf: »Das nächste Mal grinse ich auch so blöd, du Blödmann!«, schreit sie Lorenz an. Dann rennt sie heulend in den Garten hinaus. Sie setzt sich auf die Schaukel und weint. Sogar Kater Schnurr, der aus der Haselnussecke auftaucht und den Kopf an Katis Bein reibt, kann sie nicht trösten. Und obendrein knurrt Kati der Magen, weil sie nämlich überhaupt nicht viel gegessen hat. Eigentlich hätte sie jetzt die Suppe sogar ganz gern gegessen. »Aber lieber verhungere ich«, murrt sie leise vor sich hin.

Irgendwann kommt Papa aus der Terrassentür. »Wollen wir zusammen schaukeln?«, fragt er.

Auf der ganzen Welt, findet Kati, gibt es nichts Schöneres, als mit Papa zu schaukeln. Nur diesmal wäre der Himbeerjogurt vielleicht noch ein bisschen besser gewesen.

Deshalb nickt sie auch nur und springt von der Schaukel herunter. Papa setzt sich auf das Brett. Er nimmt Kati auf den Schoß. Gemeinsam fliegen sie in den goldenen Abendhimmel hinein. Mit einem Arm hält Papa Kati fest, damit sie nicht herunterfallen kann. Wenn sie ganz hoch fliegen, macht sie die Augen zu und drückt ih-

re Nase fest an Papas Arm, der noch ein bisschen nach Gemüsesuppe riecht.

»Das war schön!« Kati seufzt vor Vergnügen, als sie wieder auf dem Boden steht.

»Jetzt ab ins Bett«, sagt Papa. »Aber vielleicht hast du ja noch ein bisschen Hunger. Dann machen wir zusammen ein kleines Gemüsesuppen-Picknick im Garten. Nur wir zwei. Ich glaube, ich könnte auch noch einen Teller vertragen.«

Nach dem Schaukeln ist ein Gemüsesuppen-Picknick genau das Richtige. Vor allem wenn es als Nachtisch noch einen Himbeerjogurt gibt.

Seit wann es Fledermäuse gibt

Die alte Hexenmutter und das Hexlein streiten.

»Ich mag nicht allein mit dem Besen fliegen«, jammert das Hexlein. »Das ist mir unheimlich. Bis jetzt hab ich immer so gemütlich vor dir auf dem Besen gesessen.«

»Immer ist nicht immer und ewig«, sagt die alte Hexe streng. »Und irgendwann musst du auch allein mit dem Besen zurechtkommen. Alle Hexen auf der Welt haben es einmal gelernt.«

»Aber ich will einfach nicht allein fliegen.« Hexlein heult. »Dann zaubere ich mir wenigstens jemanden, der mit mir fliegt.«

»Das kannst du doch überhaupt noch nicht. Schluss jetzt! Auf los geht's los!« Die alte Hexenmutter schwingt sich auf ihren Besen.

Das Hexlein heult noch viel mehr.

»Was hast du denn?«, hört das Hexlein eine Stimme.

Durch all die Tränen hindurch sieht sie aus dem Erdloch neben sich ihre Freundin Maus herausschauen.

»Ich muss mutterseelenallein auf dem Besen reiten. Und davor habe ich Angst. Bestimmt fühle ich mich dann ganz schrecklich einsam!« Da fällt dem Hexlein etwas ein. »Flieg du mit mir!«, bittet sie die Maus.

»Oh nein.« Die Maus schüttelt den Kopf. »Mir wird doch so leicht schwindlig.«

»Aber du bist doch meine beste Freundin. Ich halte dich auch ganz gut fest!«

»Wenn ich Flügel hätte«, sagt die Maus. »Dann würde ich mich trauen. Aber so.«

»Flügel zaubern, das kann ich schon!«, ruft das Hexlein. Und eh die kleine Maus sich versieht, hat sie wunderschöne graue Flügel an ihrem Pelz.

Da kommt die alte Hexe wieder angeflogen. »Jetzt wird's aber Zeit!«, ruft sie.

»Wir kommen!«, antwortet das Hexlein und steigt auf den Besen. »Halt dich an meinem Hemdkragen fest«, sagt es zur Maus, die jetzt wie ein kleiner Pelz an ihrem Hals liegt. Das macht das Hexlein nicht nur warm und froh im Herzen, sondern auch mutig. Es nimmt den Besenstiel zwischen die Beine. Dann macht es einen Hopser, noch einen und schon fliegen sie durch die Luft.

»Was ist denn das?« Von ihrem Besen aus betrachtet die alte Hexe die Maus mit den Flügeln.

»Oh, seit eben bin ich eine Fliege-, Flage-, Flügelmaus!«, ruft die Maus übermütig.

»Was bist du?«, fragt die alte Hexe, die schon etwas schwer hört. »Hast du Fledermaus gesagt?«

Seit dieser Zeit gibt es Mäuse mit Flügeln und seit dieser Zeit heißen sie Fledermäuse.

Warum Murmeltiere dick und rund werden dürfen

»Murmeltiere haben es gut«, sagt der Murmeltier-Lehrer. Er sagt es zu sieben Murmeltier-Kindern, die vor ihm auf einer grünen Wiese zwischen hohen Bergen sitzen. »Und Murmeltier-Kinder haben es am allerbesten.«

»Warum?«, fragt ein vorlautes, kleines Murmeltier.

»Warum, warum wohl?« Der Lehrer schaut fragend in die Runde.

»Weil sie murmeln können«, antwortet ein Murmeltier-Kind.

»Murmeln können sie auch«, antwortet der Lehrer. »Das stimmt. Aber vor allem können sie pfeifen. Und sich gegenseitig warnen, wenn Gefahr droht. Ihr wisst ja selbst, dass jeden Tag ein anderes erfahrenes altes Murmeltier Wache hält. Es steht dann auf einem Stein und schaut um sich. Bemerkt es etwas Gefährliches wie einen Jäger, Hunde oder große Raubvögel, dann pfeift es. – Und was macht ihr, wenn ein lauter Pfiff ertönt?«

»Wir verschwinden wie der Blitz in unseren Höhlen«, rufen alle kleinen Murmeltiere im Chor.

»Und warum haben wir es nun eigentlich so besonders gut?«, fragt das vorlaute Murmeltier-Kind. »Besser als alle andern Tierkinder auf der Welt? Das glaube ich nicht.«

»Überleg doch selbst ein bisschen!«, antwortet der Lehrer ärgerlich. »Murmeltiere haben es gut, weil sie in Ruhe und ohne Angst fressen können so viel sie wollen. Sie müssen nicht nach Feinden Ausschau halten, weil das der Wächter tut. Und sie müssen nicht einmal aufpassen, dass sie zu dick werden. Je fetter der Bauch, desto besser! Nur dann wachen sie nämlich nicht während des Winterschlafs vor Hunger auf. Nirgends auf der Welt wird man dafür gelobt, dass man pausenlos frisst. Nur bei uns ist das so. Und das ist herrlich! – So, die Schule ist vorbei. Ihr wisst jetzt alles, was ihr wissen müsst.«

Die Murmeltier-Kinder tollen über die Wiese bis zum See, der in der Sonne glitzert. Dort gibt es die besten Kräuter zu mampfen. Die kleinen Murmeltiere machen sich gleich an die Arbeit. Sie fressen, bis sie nicht mehr können. Dann ruhen sie sich aus. Und als sie sich ausgeruht haben, spielen sie wieder ein bisschen. Dann fressen sie. Und dann – pfeift der Wächter. Ein riesiger Schatten gleitet über die Wiese. Das vorlaute, kleine Murmeltier schafft es als Letztes in die Höhle, weil es unbedingt noch an einem besonders guten Kräutlein hat knabbern müssen. Fast hätte es der Raubvogel erwischt!

Zitternd sitzen nun alle Murmeltiere beieinander. Bald ist die Gefahr vorbei. Der Raubvogel ist weitergeflogen.

Die Sonne scheint noch immer und das Gras mitsamt den Blumen darauf duftet. Der Schreck hat alle Murmeltiere ganz furchtbar hungrig gemacht. Deshalb legen sie sich auf die Wiese und fressen so viel sie können. Dann lassen sie sich die Sonne auf ihren Pelz brennen. Die Pfoten falten sie so, dass sie ihren Kopf darauf legen und alles beobachten können. Sie sehen in den Himmel hinauf, über den die weißen Wolken segeln. Vor ihren Nasen schaukeln die Sommerblumen. Und sogar das kleine, vorlaute Murmeltier findet, dass es niemals etwas anderes sein möchte als ein Murmeltier.

Nummer 35 zieht um

Neulich gingen meine Schwester Helen und ich zusammen mit Papa und Mama zum Bergsteigen. Besonders viel Lust hatten wir zwar nicht, aber Papa sagte: »Einmal wenigstens könnt ihr uns begleiten!«

»Ach Manno!«, meuterte Helen. »Ich hab gar keine Lust dazu. Ich möchte viel lieber ins Schwimmbad.«

»Können wir nicht auf den Berg gehen, wo die vielen Dohlen sind?«, schlug ich vor. »Da ist wenigstens was los.«

Papa und Mama waren damit einverstanden. Helen auch. Zum Glück wohnen wir mitten im Gebirge und können gleich zu Fuß losgehen.

Wie immer war der Aufstieg viel zu steil. Aber endlich waren wir doch oben auf einem Berg. Mama und Papa haben die Aussicht genossen. Helen und ich genossen die Brotzeit. Auch die Dohlen, die dort oben hausen, hatten Lust darauf. Der Reihe nach kamen sie angehüpft. Diesmal hatten alle Dohlen Ringe um die Füße, auf denen Nummern standen.

»Vielleicht will man erkunden, ob diese Dohlen immer auf diesem Berg bleiben«, meinte Papa.

»Oder wie lang sie leben«, überlegte Helen.

Nummer drei war besonders hungrig. Sogar an meinem Brot pickte sie. »Benimm dich!«, schimpfte ich.

Dann kam Nummer 27. Die war ein richtiges Fässchen. »Du solltest abnehmen!«, sagte Helen zu ihr. Das hörte Nummer 27 gar nicht gern. Beleidigt flog sie davon. Eine Dohle mit der Nummer 35 saß ganz allein herum. Die hatte ein paar weiße Federn auf dem Kopf. Sie war ziemlich dünn.

»Die andern mögen sie nicht.« Mitleidig betrachtete Helen Nummer 35. »Wahrscheinlich, weil sie anders aussieht.« Helen hatte Recht. Die anderen hackten immer nach ihr, wenn sie auch ein Brotkrümelchen wollte.

»Wenn ich euere Sprache könnte«, rief Helen den Dohlen zu, »würde ich euch was pfeifen!« Aber wir konnten die Vogelsprache nicht. Deshalb packten wir unsere Rucksäcke und machten uns auf den Heimweg.

Alle Dohlen blieben zurück – bis auf Nummer 35. Die flog uns hinterdrein. Manchmal flog sie auch ein bisschen voraus.

Auf jeden Fall war sie immer in unserer Nähe.

»Merkwürdig!« Papa schüttelte den Kopf.

Aber dann war Nummer 35 verschwunden. Und das, kurz bevor wir daheim waren.

»Sie ist umgekehrt«, sagte Mama.

»Niemals!«, rief Helen aus. »Die andern piesacken sie doch nur.«

»Kjack! Kjack!«, ertönte es von unserer alten Eiche herunter, die im Garten steht.

»Nummer 35 ist umgezogen!«, rief Helen ganz begeistert und tanzte im Gras herum.

Seitdem wohnt Nummer 35 bei uns. Meistens geht sie zu Fuß durch die Wohnung und verräumt alles, was herumliegt. Noch nie, sagt Mama, war es so ordentlich bei uns wie jetzt. Nummer 35 hilft Papa auch bei der Gartenarbeit und Helen und mir bei den Hausaufgaben. Obendrein weckt sie uns jeden Morgen um Punkt sieben mit lautem Krakeelen.

»Gut, dass wir damals mit ins Gebirge gegangen sind«, sagte Helen neulich. »Wie sind wir denn früher wohl ohne Nummer 35 ausgekommen?« Das ist wirklich eine gute Frage. Wir können es uns überhaupt nicht mehr vorstellen.

Katermiez

Oma Minz hieß natürlich nicht wirklich Oma Minz. Eigentlich hieß sie Oma Berti. Aber weil sie ein bisschen wie eine Katze aussah, nannten sie alle Oma Minz.

Oma Minz sah nicht nur ein bisschen wie eine Katze aus, sondern sie mochte Katzen auch furchtbar gern. Früher zum Beispiel hatte sie einen grau getigerten Kater, der einfach nur Kater hieß. Der führte bei ihr ein freies und wildes Leben, jagte mutig bei Bauer Huber nebenan die größten Ratzen und brachte sie dann Oma Minz stolz ans Bett. Kater wurde steinalt. Eines Tages erwachte er nicht mehr aus seinem Mittagsschläfchen. Oma Minz war sehr traurig. »Eine andere Katze will ich nicht mehr«, sagte sie zu Opa Theo.

Doch irgendwann saß mitten in der Küche eine kleine rothaarige Katze. Sie schien aus dem Nirgendwo zu kommen und niemandem zu gehören. Kein Mensch meldete sich, obwohl Oma Minz und Onkel Theo überall herumfragten.

»Die kleine Katze sieht dir direkt ähnlich«, sagte Opa Theo zu Oma Minz. Das stimmte wirklich. Ihr rotes Fell stand in alle Himmelsrichtungen wie die Löckchen auf dem Kopf von Oma Minz. Außerdem hatte sie das freundlichste Gesicht, das man sich vorstellen konnte.

»Nennen wir sie doch einfach Miez«, schlug Opa Theo nun vor.

Aber auch Miez lebte nicht ewig.

»Du solltest wieder eine Katze haben«, sagte Opa Theo eines Tages zu Oma Minz. »Dann bist du nicht so allein, wenn ich unterwegs bin.«

»Nein. So nett wie Kater und Miez könnte die gar nicht mehr sein«, sagte Oma Minz.

»Beim Bauer Huber nebenan hat die Katze Junge geworfen«, erzählte Opa Theo.

»Bauer Huber soll selbst schauen, wo er seine Katzen unterbringt. Nicht bei mir«, meinte Oma Minz ärgerlich.

Die kleinen Katzen bei Bauer Huber wuchsen und gediehen. Nur ein kleiner Kater aber blieb dünn und mickrig. Bis auf einen grau getigerten Schwanz war sein Fell rötlich und ziemlich zerzaust. Eine Schönheit war der kleine Kater wirklich nicht.

»Kein Mensch will ihn«, sagte Frau Huber zu Oma Minz, die vom Einkaufen kam und am Bauernhof vorbeiging. »Alle andern haben schon einen Platz. Bis auf ihn.« Frau Huber zeigte auf die kleinen Katzen, die das erste Mal allein auf dem Hof spazieren gehen durften.

»So was!«, rief Oma Minz empört aus. »Wo er doch so hübsch ist. Er sieht aus wie Kater und Miez zusammen. Hinten grau wie Kater, vorne rot wie Miez. Ich nenne ihn Katermiez.«

Frau Huber war ganz verblüfft. »Wollen Sie ihn wirklich nehmen?«, fragte sie.

»Natürlich will ich ihn«, sagte Oma Minz und strahlte übers ganze Gesicht.

Jimmy und Paule

Ella und Moni sind die allerbesten Freundinnen. Und weil sie das sind, wollen sie auch in den Ferien zusammen sein. Deshalb darf Moni mit Ella und deren Eltern im August ans Meer fahren.

Gemeinsam überlegen Moni und Ella, was sie alles mitnehmen wollen. In ihre Rucksäcke packen sie ihre Lieblingsbücher und ein paar Spiele und Federballschläger. Und auch sonst noch eine ganz Menge. Ganz obenauf setzt Ella Jimmy. Und aus Monis Rucksack schaut oben Paule heraus.

Jimmy und Paule sind zwei Bären. Jimmy ist braun und wollig, Paule ist aus schwarzem Plüsch. Wenn Ella bei Moni übernachtet, ist Jimmy immer dabei, und wenn Moni bei Ella übernachtet, nimmt sie natürlich Paule mit.

Die Ferien sind herrlich. Von dem kleinen Häuschen, in

dem sie wohnen, sind es keine fünf Minuten bis zum Meer. Jeden Tag ist schönes Wetter und jeden Tag gehen Moni und Ella zum Baden. Und wenn sie gerade nicht baden, dann suchen sie Muscheln. Und wenn sie nicht Muscheln suchen, dann lesen sie oder spielen mit Jimmy und Paule. Und natürlich helfen sie auch. Abwechselnd trocknen Ella und Moni das Geschirr ab.

Einmal kommen Freunde zu Besuch. Da gibt es viel schmutziges Geschirr. Deshalb beschließen die beiden Mädchen gemeinsam abzutrocknen. Aber dann bekommt Moni ein bisschen Kopfschmerzen und Ella muss die Arbeit allein machen. Am nächsten Tag findet sie, dass Moni dafür zwei Tage hintereinander abtrocknen soll. Aber Moni findet das ganz und gar nicht.

»Ich war doch krank! Das ist schon schlimm genug«, widerspricht sie.

»Du bist faul!«, zischt Ella. »Darum wolltest du nicht helfen. Ich glaube, du hast gar keine Kopfschmerzen gehabt.«

Da wird Moni schrecklich böse. Sie packt Jimmy, der auf einem Stuhl sitzt, und wirft ihn voller Zorn unter Ellas Bett. Nun springt Ella auf, zerrt Paule aus Monis Badetasche, knallt ihn auf den Boden und gibt ihm einen Tritt mit dem Fuß, dass er wie aufgezogen unter Monis Bett verschwindet.

»Hol Paule sofort wieder hervor!«, brüllt Moni.

»Erst wenn du Jimmy geholt hast«, brüllt Ella noch lauter zurück.

Aber Moni holt Jimmy nicht und Ella Paule nicht. Nicht einmal Ellas Papa und Mama können die Mädchen dazu überreden. Kein Wort sprechen sie mehr miteinander. Getrennt gehen sie zum Meer. Jede für sich. Sie starren in die Wellen und denken an ihre armen Bären unter den Betten. Am Abend kuscheln sich Ella und Moni wortlos unter die Decken. Einschlafen können sie beide nicht, weil die Bären fehlen.

Am andern Tag geht es so weiter. Bis zum Abend. Bevor Ella ins Bett geht, packt sie Moni am Pferdeschwanz und schreit: »Heb sofort Jimmy auf.«

»Nein!« Auch Moni zieht Ella ganz schrecklich an den Haaren. Dann raufen sie, bis sie nicht mehr können. Und dann krabbelt Moni unter Ellas Bett und zieht Jimmy hervor und Ella krabbelt unter Monis Bett und holt Paule. Mit ihren Bären im Arm schlafen sie viel besser als die Nacht zuvor.

Am andern Morgen scheint die Sonne besonders schön. Zusammen mit Jimmy und Paule gehen Ella und Moni ans Meer.

Lilli will sich eine neue Mama kaufen

An diesem Abend ist Lilli sauer. Als der Papa zum Gutenachtsagen kommt, murrt sie böse: »Ich kaufe mir eine neue Mama.«

»Warum denn?«, fragt Papa verwundert.

»Weil die Mama nicht mehr lieb ist. Sie hat mir kein einziges Gummibärchen mehr gegeben. Nur wegen der blöden Zähne.«

»Und wo willst du dir denn eine neue Mama kaufen?«, fragt Papa. »So etwas gibt es nicht überall.«

»In Amerika«, antwortet Lilli. »In Amerika gibt es viele Leute. Viel mehr als hier. Das hat der Opa erzählt. Und bestimmt auch viele Mamas, die alles erlauben.«

»Amerika ist aber weit weg. Da musst du übers große Meer.«

»Ich kann schon ein bisschen schwimmen«, antwortet Lilli.

»Aber nicht so lang«, sagt der Papa.

»Dann gehe ich über die Wolken nach Amerika«, ruft
Lilli aus. »Über Wolken gehen ist ganz einfach. Das machen doch auch die Sonne und der Mond.«

»Aber die Wolken hängen nicht überall zusammen. Am

Ende fällst du zwischen ihnen hindurch.« Papa runzelt die Stirn.

»Ich klebe die Wolken aneinander. Dann kann ich leicht auf ihnen nach Amerika gehen«, sagt Lilli.

»Dazu braucht man aber viel Kleber«, wendet Papa ein. »Wie willst du denn den zu den Wolken hinaufbringen?«

»Bist du dumm!«, ruft Lilli aus. »Natürlich mit einem Luftballon.«

»Aha.« Papa nickt. »Aber was ist, wenn die neue Mama nicht mit dir gehen will? Vielleicht möchte sie ja lieber in Amerika bleiben.«

»Ich fange sie mir«, antwortet Lilli. »Mit einem Lasso. Eine Mama kann man leichter mit einem Lasso fangen als ein Pferd.«

In diesem Moment kommt Mama ins Zimmer. »Gute Nacht, mein Schatz«, sagt sie zu Lilli. Sie beugt sich zu ihr hinunter und gibt ihr einen Kuss.

»Mama, ich hab so kalte Füße«, jammert Lilli.

»Ich mache dir noch schnell eine Wärmflasche, mein Liebes.« Mama geht hinaus.

»Ich glaube, ich will mir doch keine neue Mama in Amerika kaufen«, sagt Lilli zum Papa. »Ich behalt sie doch, ich hab sie nämlich ganz doll lieb!«

Puss nimmt ein Bad

Es ist warm. Leoni und ihre Katze Puss sitzen auf dem Fenstersims im Schlafzimmer und schauen auf den kleinen Teich hinunter, der nur einen Meter unter ihnen liegt. Beiden fallen fast die Augen zu. Leoni ist müde von der Schule und Puss ist müde vom Nichtstun. Die Katze wird erst munter, als sich eine dicke Amsel auf einem Stein am Teichrand niederlässt. Zuerst hüpft sie etwas auf ihm herum, schaut ein bisschen nach rechts, nach links, dann nach oben und nach unten. Dann hebt sie kurz die Flügel, landet elegant im Wasser und fängt an sich in aller Ruhe zu baden – zuerst den rechten Flügel, dann den linken Flügel, dann den Schwanz.

Puss auf dem Fenstersims wird ganz nervös. So ein appetitlicher Happen direkt vor der Nase! Sie duckt sich zum Sprung, nur die Schwanzspitze bewegt sich noch.

»Bist du verrückt, Puss!«, schreit Leoni und reißt die
Augen auf, die ihr gerade fast zugefallen wären. Aber zu
spät. Puss springt und landet mitten im Teich.

Es gibt einen furchtbaren Platsch, eine Wasserfontäne
steigt hoch, dann ist alles verschwunden: die Katze und
die Amsel. Leoni ist wie versteinert.

Doch schon in der nächsten Sekunde schießt Puss wie
eine Rakete aus dem Teich. Sie ist kaum wiederzuer-
kennen. Das Fell klebt am Körper! Spindeldürr sieht sie
aus. Und der schöne buschige Schwanz ist nur noch ein
jämmerliches Schnürchen.

»Pusschen!«, schreit Leoni. Doch die Katze ist nicht ansprechbar. Sie jagt durch die offene Terrassentür ins Wohnzimmer, springt dort hin und her, wälzt sich auf dem Teppich, saust weiter in Leonis Kinderzimmer, macht vor Entsetzen Kopfstand auf dem Bett, schüttelt sich, dass die Tropfen nur so fliegen, maunzt, schreit und jagt dann weiter ins Bad. Dort erwischt sie Leoni, wirft ihr ein Handtuch über und rollt sie hin und her.

Als Pusschen wieder einigermaßen trocken ist, trägt Leoni sie zu ihrem warmen Fensterplatz. Da sitzen die beiden nun wieder und schauen zum Teich hinunter und dann hinauf in die Bäume. Von dort oben hört man das Zwitschern der Vögel.

Puss kneift die Augen zusammen, streckt sich, leckt

sich, kratzt sich am Ohr und nickt leicht mit dem Kopf.

»Na siehst du.« Leoni streicht ihrer Katze liebevoll übers Fell. »Dann sind wir der gleichen Meinung. Sicher hat das Nicken geheißen, dass du die Vögel in Zukunft lieber in Ruhe lassen willst.«

Pusschen lächelt, schnurrt, ihr Fell ist trocken und sie sieht wieder aus, wie eine Katze aussehen soll: rund, warm und gemütlich.

Dick und Annabel

Vampir Dick und seine Freundin Annabel schlugen aus der Reihe. Sie waren klein, rund und dick. Alle andern Vampire im alten Schlossgewölbe waren dürr und lang. Dick und Annabel sahen aber nicht nur anders aus, sondern sie waren auch anders. »Hier ist es ungemütlich«, beschwerte sich Dick sogar eines Tages. Unzufrieden sah er sich in der Gruft um, in der sie hausten.

»Ungemütlich, dass ich nicht lache!«, rief Tante Herta ärgerlich aus. Tante Herta war die älteste Vampirdame im Schloss. »Die Gewölbe sind herrlich feucht, der Schimmel sprießt überall, die Betten sind klamm und modrig. Gemütlicher geht es doch gar nicht mehr!«

Natürlich stimmte alles, was Tante Herta gesagt hatte. Die Gewölbe waren muffig und modrig. Für Vampire wie geschaffen. Aber seit einiger Zeit gefiel Dick das nicht mehr. Ebenso wenig wie Annabel.

»Ich glaube, seit unsere Zähne wackeln, sind wir schon gar keine richtigen Vampire mehr«, sagte Annabel eines Tages zu Dick.

Annabel kicherte, als sie daran dachte, wie sie und Dick zusammengestoßen waren. Dann flüsterte sie Dick ins Ohr: »Heute zeige ich dir was. Das wird dir gefallen.«

Nachts flogen sie zusammen los. Ohne Tante Herta, die sonst immer dabei war. Die hatte zum Glück Kopfschmerzen.

Sehr weit musste Dick nicht hinter Annabel herfliegen. Nur bis zu einem kleinen Haus. Dort landeten sie.

»Schau dir das an!« Annabel zeigte auf ein Fenster, hinter dem zwei Betten mit wunderbar flauschigen Zudecken standen. »So möchte ich auch mal schlafen. Findest du das auch so toll?«

Dann sahen sie durchs Wohnzimmerfenster. Im Kamin brannte ein Feuer. Davor saß ein alter Mann und las die Zeitung. Als er aufsah, bemerkte er Dick und Annabel, die sich gerade an der Scheibe die Nasen platt drückten. Er winkte, stand auf und kam gleich darauf zur Haustür heraus. »Kommt herein, ihr beiden«, lud er sie freundlich ein.

»Aber wir sind Vampire«, warnte ihn Dick.

»Keine richtigen mehr.« Annabel kicherte wieder.

»Macht nichts«, antwortete der alte Mann freundlich.

»Ist es bei dir gemütlich«, seufzte Dick, als er in die warme Stube kam. Er dachte an die muffige Gruft.

»Vielleicht habt ihr Lust, ein bisschen bei mir zu bleiben?« Der alte Mann sah Dick und Annabel mit einem warmen Lächeln an. »Ich bin nämlich ziemlich oft allein.«

»Toll!«, rief Annabel. »Reißen wir uns doch einfach noch gar die wackligen Vampirzähne heraus. Dann sind wir keine Vampire mehr und es wird erst richtig gemütlich.«

»Aber wie?«, fragte Dick. »Das tut doch sauweh, oder?«

»Wir binden einfach einen Faden um unsere Vampirzähne und befestigen ihn an einer Türklinke. Danach schlagen wir die Tür zu – und schon ist es passiert.«
Und so machten sie es.

»Autsch!«, schrie Annabel, als die Tür zufiel. »Autsch!«, jaulte Dick kurz darauf. Aber der Schmerz hörte schnell wieder auf.

Ja, und dann waren Dick und Annabel keine Vampire mehr. Sie wollten nur noch in Äpfel, Birnen und frisch gebackenes Brot beißen oder mit dem netten alten Mann vorm Feuer sitzen. Zusammen kochten sie sich leckere warme Gerichte und räkelten sich gemütlich unter ihren kuscheligen Federbetten.

Natürlich war Tante Herta außer sich, als sie hörte, was Dick und Annabel gemacht hatten. Ein paar Mal kam sie nachts noch angeflogen. Aber es war umsonst. Denn Türen und Fenster waren fest verrammelt.

Dick und Annabel blieben bei dem netten alten Mann. Sie verstanden sich alle sehr gut. Und sie verstehen sich noch immer.

Mats findet einen Freund

Weit, weit weg von hier, da, wo Himmel und Erde zusammenwachsen, wohnte eine Trollfamilie: Vater Troll, Mutter Troll und Mats, der kleine Troll.

Dort, wo sie lebten, gab es keine Häuser. Nur Berge, Seen und Bäche und ein paar Rentiere. Die Trolle hätten auch gar nicht in einem Haus wohnen wollen. Sie waren viel lieber in ihrer geräumigen Höhle. Darin war es zwar sehr gemütlich, aber auch ein bisschen düster. Zumindest im Winter. Dann zündete Mutter Troll Kerzen an. Das Wachs bekam sie im Herbst von den wilden Bienen geschenkt.

Leider gab es dort, wo die Trolle wohnten, keine anderen Trollkinder, mit denen Mats hätte spielen können. Manchmal fühlte er sich deshalb traurig und einsam.

»Gibt es denn auf der Welt gar keine anderen Trollkinder mehr?«, fragte er einmal seine Eltern.

»Die gibt es schon«, antwortete seine Mutter. »Aber die sind weit weg. Mit unseren kurzen Beinen kommen wir da niemals hin.«

Eines Tages, als Mats allein spazieren ging, hörte er einen leisen, klagenden Laut. Er drehte sich um, sah aber nichts. Dann schaute er hinter alle Felsbrocken, die herumlagen. Schließlich entdeckte er ein junges Rentier, das sich verletzt hatte und nicht mehr richtig laufen konnte. Die Herde war ohne das Rentier weitergezogen.

Mats sauste zu Vater und Mutter Troll. »Kommt schnell«, rief er, »da liegt ein kleines Rentier hinter einem Stein und kann nicht aufstehen. Kommt!«

Rasch füllte Mutter Troll ein Körbchen mit Beeren, die sie gesammelt hatte, und Vater Troll holte ein Stück Holz aus seinem Vorrat hinter der Höhle und eine biegsame, dünne Wurzel.

Das kleine Rentier erschrak, als es die ganze Familie ankommen sah. Aber als sie von Mutter Troll Beeren bekommen und Vater Troll ihm das wehe Bein geschient hatte, wusste es, dass man es gut mit ihm meinte. Es schaffte sogar den Weg bis zur Höhle.

»Mit hineinnehmen können wir dich nicht«, sagte Mutter Troll, »denn wir sind kleine Leute und du würdest gar nicht hineinpassen. Aber wir machen dir ein gemütliches

Lager auf dem Moos vor unserer Höhle und passen gut auf dich auf.«

Bald war das Rentier wieder gesund. Und Mats hatte endlich einen Gefährten, mit dem er durch die Gegend tollen konnte. Oft ließ ihn das Rentier auf seinen Rücken steigen und dann jagten sie über Stock und Stein. »Juhuuuuuh!«, rief dann Mats, wenn Bäume und Sträucher nur so an ihm vorbeiflogen.

Doch als der Herbst kam, wurde das Rentier unruhig. »Ich muss meine Herde suchen«, sagte es zu Mats. »Vielleicht finde ich auch meine Mutter und meine Geschwister wieder.«

»Und was wird aus mir?« Mats weinte.

»Ich komme wieder«, tröstete ihn das Rentier.

Aber zuerst einmal kam ein langer Winter. Jeden Tag ging Mats vor die Höhle und sah über die unendliche weiße Landschaft. Aber von seinem Freund war nichts zu entdecken.

Doch dann wurde es Frühling. Langsam schmolz der Schnee und die Tage wurden länger. Und als die Sonne schon warm vom Himmel heruntergrüßte, hörte Mats vor der Höhle Hufescharren. Er sauste hinaus. Da stand sein Freund. Aber nicht allein. Auf seinem Rücken saßen vier Trolle auf einmal. Eine ganze Familie: Vater und Mutter mit den Kindern Lies und Las.

Vor Freude wusste Mats gar nicht, was er tun sollte: Er schoss einen Purzelbaum nach dem andern und schrie ein ums andere Mal so laut er konnte »Juuuuuuuuuuh!« Auch Mats' Eltern freuten sich, dass sie so nette Nachbarn bekamen. Zum Glück war es denen am Eismeer, wo sie gewohnt hatten, zu kalt geworden.

Und dann wurde gefeiert mit Beeren und Beerenwein. Die Sonne schien den ganzen Tag und auch noch die ganze Nacht, weil auch sie sich so freute.

Nach ein paar Tagen zog das Rentier wieder weiter. »Kommst du auch wirklich nächstes Jahr wieder?«, fragte Mats.

»Aber du hast doch jetzt andere Freunde«, sagte das Rentier.

»Ja, aber du bist mein allerallererster Freund«, entgegnete Mats und gab dem Rentier einen Kuss auf seine Schnauze. Dazu musste er sich auf die Zehenspitzen stellen.

Und so kam es, dass das Rentier jedes Jahr im Sommer bei den Trollen vorbeikam. Und jedes Mal, wenn es kam, freute sich Mats und sie feierten einen Tag und eine ganze Nacht.

Krax fährt Bus

An einem stürmischen Tag im Frühling findet Herr Hofstetter eine Rabenkrähe mit einem gebrochen Flügel. Er nimmt sie mit heim. Weil er sie gerettet hat, mag ihn die Rabenkrähe ganz besonders gern. Lieber als Frau Hofstetter und lieber als Julius und Andi, die Söhne der Hofstetters. Die geben ihr aber trotzdem einen Namen: KRAX.

Jeden Tag, wenn Herr Hofstetter morgens um 8 Uhr 30 aus dem Haus gehen muss, wird Krax sauer, weil sie nicht mitdarf. Vor Ärger krächzt sie laut. Und als ihr Ärger immer größer wird, beschließt sie, dass sie Herrn Hofstetter ab sofort begleitet. Sie hüpft ihm einfach hinterdrein zur Haustür hinaus.

»Du bleibst da!«, befiehlt Herr Hofstetter. Krax krächzt und setzt sich auf Herrn Hofstetters Schulter.

»Hinunter mit dir!«, ruft Herr Hofstetter. Da setzt sich Krax auf seinen Kopf.

»Dummes Tier!«, schimpft Herr Hofstetter. Muss dann aber doch lachen. Da bleibt Krax erst recht sitzen.

Herr Hofstetter ist in Eile. Er muss zum Bus. Krax wird schon zurückfliegen, denkt er. Sie kennt sich ja aus in der Gegend. Die Krähe denkt aber etwas ganz und gar anderes.

Als Herr Hofstetter mit der Krähe auf dem Kopf die Baumstraße entlangkommt, sagt die Nachbarin zu ihrem Mann: »Schau, Herr Hofstetter hat glatt seine Krähe auf dem Kopf. Ist das nicht komisch?«

Herr Hofstetter steigt in den Bus. Die Krähe mit ihm.
Sie fährt mit ins Büro.

Im Büro langweilt sich Krax ganz entsetzlich. Da gibt es
keinen Baum, keinen Strauch, keine Würmer im Garten, nichts.

»Siehst du«, sagt Herr Hofstetter zu ihr, »wärst du daheim geblieben, hättest du es schöner gehabt.«

Am nächsten Morgen begleitet Krax Herrn Hofstetter wieder. Aber ins Büro will sie nicht mehr. Bevor er aussteigt, hüpft sie von seiner Schulter herunter und setzt sich auf eine Stange im Bus, an der man sich anhalten kann.

Weil Herr Hofstetter den Busfahrer kennt, bittet er ihn Krax mit zurückzunehmen und an der Baumstraße anzuhalten, damit sie herausfliegen kann.

Von da an zwickt die Krähe jeden Morgen pünktlich um 8 Uhr 15 Herrn Hofstetter ins Ohr. Dann legt er schleunigst die Zeitung aus der Hand. Gemeinsam verlassen sie das Haus. Immer fliegt die Krähe voraus. In der Baumstraße kennt sie jeder. Wenn sie vorbeikommt, stellt Frau Rose die Uhr nach ihr, zieht Hans Hinkel den Mantel an und rennt zum Bus, und Minni legt Sonnenblumenkerne vors Fenster. Die frisst Krax dann auf dem Rückweg.

Auch im Bus kennt inzwischen jeder, der um diese Zeit fährt, die Krähe, . Einmal hat der Busfahrer sogar auf sie und Herrn Hofstetter gewartet.

An einem Dienstag aber warten alle umsonst. »Was ist denn mit der Krähe los?« Frau Rose sieht aus dem Fenster. »Die müsste doch schon längst da sein.«

Auch Hans Hinkel wundert sich. Und Minni weiß gar nicht, ob sie die Kerne vors Fenster legen soll.

Auch die Hofstetters warten. Krax ist nämlich am Tag zuvor nicht zurückgekommen. Ein neuer Busfahrer, der die Krähe nicht kannte, hat nicht rechtzeitig die Tür aufgemacht.

»Wo wird Krax wohl sein?« Traurig sieht Julius vor sich hin. Auch Andi ist traurig. Ebenso wie Herr und Frau Hofstetter.

Da klopft es an die Scheibe. Auf dem Fenstersims sitzt Krax mit beleidigtem Gesicht.

»Wo kommst du denn her?«, rufen alle Hofstetters im Chor. Das hört man durch die ganze Baumstraße.

»Krah, krah, krah«, krächzt Krax. Dann fliegt sie in den Garten und krächzt weiter.

»Die Krähe ist wieder da«, sagt Frau Rose zu ihrem Mann.

»Zum Glück«, sagt Hans Hinkel.

Und Minni legt schnell ein paar Sonnenblumenkerne aufs Fenstersims.

Wo ist Bommerlunder?

Als Max drei Jahre alt wird, wünscht er sich zu seinem Geburtstag einen Hund. Aber er bekommt keinen. »Wenn du größer bist«, sagt die Mama.

Als Max vier Jahre alt wird, wünscht er sich zu seinem Geburtstag einen Hund. Aber er bekommt keinen. »Wenn du größer bist«, sagt der Papa.

Als Max fünf Jahre alt wird, wünscht er sich zu seinem Geburtstag einen Hund. »Nächstes Jahr«, sagt die Mama, »wenn du in die Schule kommst.«

Als Max sechs Jahre alt wird, kommt er in die Schule. Und an seinem Geburtstag sitzt ein Dackel in einem schönen, runden Körbchen auf dem Tisch.

»Ab jetzt braucht ihr mir nie mehr was zu schenken«, ruft Max. »Das ist das allerallerschönste Geburtstagsgeschenk.«

Max nennt seinen kleinen Dackel Bommerlunder. Er

weiß zwar nicht, was Bommerlunder ist, aber er findet,
der Name passt zu dem kleinen, dicken Hund im Korb.
Max und Bommerlunder streiten sich fast nie. Nur
dann, wenn Bommerlunder Max' Socken schon wieder
unterm Schrank versteckt hat. Oder, wenn er an den
neuen Turnschuhen von Max seine Zähne wetzt.
Aber sonst sind die beiden die besten Freunde, die man
sich denken kann. Nie wird es ihnen langweilig. Sie sau-
sen um die Wette, bis sie nicht mehr können. Sie toben

und raufen. Und wenn Max traurig ist, lässt auch Bommerlunder den Kopf hängen und jault leise. Ist Max aber vergnügt, bellt Bommerlunder übermütig und wedelt mit dem Schwanz.

Doch abends müssen sich Max und Bommerlunder trennen. Wenn Max ins Bett geht, muss Bommerlunder in sein Körbchen im Flur. Dort soll er schlafen.

Aber Max und Bommerlunder finden, dass es nachts im Zimmer von Max viel netter wäre. Darum lässt Max abends seine Zimmertür nur angelehnt. Wenn es in der

Wohnung ganz, ganz ruhig wird und alle in den Betten liegen, schleicht sich Bommerlunder durch die offene Tür und legt sich auf den Bettvorleger von Max. Wenn Max nachts aufwacht, braucht er nur den Arm nach unten zu hängen. Schon fühlt er das Hundefell. Das ist wunderbar, vor allem wenn Max schlecht geträumt hat. Leider kommt das ziemlich oft vor.

In einer Nacht träumt Max etwas ganz Schreckliches. Er träumt, dass Bommerlunder ausreißt. Er sucht und sucht ihn, aber umsonst.

Zum Glück wacht Max dann auf. Nur ein Traum, denkt er. Bestimmt liegt Bommerlunder da unten vorm Bett auf dem Teppich. Max langt nach unten, dahin, wo Bommerlunder immer schläft.

Bommerlunder ist nicht da!

Max fällt ein, dass Papa und Mama abends noch eine Runde gehen wollten. Sicher haben sie Bommerlunder mitgenommen. Und verloren! Verzweifelt springt Max aus dem Bett. Er stürzt auf den Flur hinaus, macht Licht – Bommerlunder liegt in seinem Körbchen und sieht Max an. Ganz verschlafen und ein bisschen beleidigt. Das ist auch kein Wunder. Max hat nämlich vergessen die Tür zu seinem Zimmer offen zu lassen.

Das große Buch der kleinen Geschichten

Vorlese-
buch

**Frauke
Nahrgang**

Geschichtenspaß
für 3 Minuten

**37 kurze Geschichten – ideal zum Vorlesen im
Kindergarten und zu Hause!**

Mal ehrlich, mal geflunkert, erzählt Frauke Nahrgang
vom einsamen Zauberer Paulchen Pokus und der
unordentlichen Frau Rumpelich, von ungewöhnlichen
Sonntagsüberraschungen und nächtlichen Störenfrieden,
von Freunden und Streithähnen, guter Laune und
schlechten Tagen, Wut und Mut und vielen anderen
kleinen aber wichtigen Sachen, die Kinder
ab 4 beschäftigen.

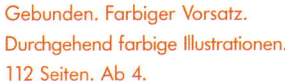

Gebunden. Farbiger Vorsatz.
Durchgehend farbige Illustrationen.
112 Seiten. Ab 4.

EDITION
BÜCHERBÄR